DISCOVRS A

LA ROYNE REGENTE MERE
DV ROY SVR LES DESORDRES,
qui sont pour le present en
ce Royaume

Si natura negat facit indignatio versum.

M. DC. XIV.

MON Vers libre reprẽd des Eſtats les deſordres
Non le particulier: moins encore les Ordres:
Il ſçait que tout Eſtat nourrit bon, & mauuais:
Que ſi quelqu'vn s'en pleint il faudra qu'il confeſſe
Qu'il eſt vn de ceux la que ſans cognoiſtre il bleſſe:
Car il ne cherche qu'ordre, & n'ayme que la paix.

ⓐ

Rubet auditor cui frigida mens eſt
Criminibus, tacitâ ſudant præcordia culpâ.

DISCOVRS A

LA ROYNE REGENTE MERE
DV ROY SVR LES DESORDRES,
qui font pour le prefent en
ce Royaume

C E L V Y   qui le premier baftit l'Eftat
François
Soubs les Aufpices grands de fes heu-
reufes armes:
Contre le temps vainqueur, & fes dures
alarmes
Le rampara de mœurs plus fainctes, & de Lois :
Et dreffa pour planter fon Sceptre & fa Couronne
De Iuftice & de Foy vne double Colomne.

Vnze fiècles entiers ont roulé dans les cieux
Sans pouuoir efbranler ces deux vigoureux termes
Qui contre les affaults de Mars ont efté fermes
Et contre tous les vents du difcord furieux.
Car ceque la vertu de fes bras forts enferre
Mal aifement le temps le peut ietter par terre.

Clouis où
Louis pre
mier.

Antiqui-
té de l'Ef
tat de Fi.
ce.

A ij

Emuiron
6o.ans.

Deux eages ruïneurs se sont tantost passez
Despuis que de l'Enfer deux horribles furies
Deux filles d'Acheron sont à la fois sorties
Afin de renuerser ces deux piliers dressez:

Opinion
Auarice.

L'Opinion aueugle,& l'ardante Auarice:
Pestes de tout estat, nourricieres de vice.

L'vne à la Pieté à presenté l'assaut,
Et de son fort bouclier la presque desarmee:
Et l'autre de sa main d'ongles croches armee
A la blanche Iustice à faict prendre vng dur sault.
Ainsi l'Enfer maudit,& sa noire vermine
Ont tourmenté le Ciel & sa race Diuine.

vête d'of-
fices.

Les honneurs qui iadis furent de la vertu,
Et des merites grands recompense asuree:
Mis à l'anchere ainsi qu'une vile denree
Passent de main en main tout respect abbatu:
Et celuy maintenant au marché les emporte
Qui met vng plus hault pris,& l'enchere plus forte

Edict de
Paulet.

Le pris hors de tout pris croissant despuis vingt ans
Double de iour en iour,& d'heure eu heure augméte
Et le marchant espere en accroistre la vente
Pourueu que de Paulet l'Edict dure long temps:
Paulet des Officiers les amours, les delices,
Par qui croist le trafic des dons & des Espices.

Que d'Arrefts au pied lent marchent monopolez?
  La faueur,les amys les peftrit , & les forme
  Non la rigueur des Loix :& fouuët n'ont de forme
Que celle de la planche ou l'Or les à moullez
  C'eft vn dire commun on achette l'Office,
  Pour foy ,pour fes amis,les fiens & leur feruice.

                                          Arrefts.

L'vn deux,& trois Eftats,& quatre tient en main:
  Vn ne pouuant faouler fon extreme auarice:
  Et tel peu-mefnager du fien , & de Iuftice,
Le defmembre en plufieurs & faict des Officiers.
  Ainfi l'vn ioinct toufiours pour baftir fa fortune:
  Et l'autre defunit la charge qui eft vne.

                                          Plufieurs Offices à vn

Le Marchant honorable,en gros achette & vend,
  le Mefquin en detail fa marchandife eftale:
  Mais l'Officier achette en gros,& puis fa Bale
En detail il expofe,& en faict de l'argent.
  Et partant fon trafiq' peu honefte refemble
  Celuy d'vne boutique ou le peuple s'affemble:

                                          Cõmiffiõ

On n'ordonne rien tant que la Commiffion:
  Et faire pour gaigner deffus les Lieux defcente.
  Vne Armée à Cheual, & à Pied fe prefente
De Iuges, d'Aduocatz, de Clercs vn million:
  Et fouuët les Efcus qu'en leur Courfe ils defpédés
  Couuriroient bien les lieux pour lefquels ils
       defcendens

<table>
<tr><td>Procez
par eſcrit</td><td>La plus part des Procez ſe vuide par Eſcrit:
   Et à tort, & à droict en Droict on les apoincte:
   Ce'ſt la ou ſe peut fayre ou bône, ou fauſſe poincte,
Et l'Aduocat monſtrer ſon Stile, & ſon Eſprit.
   Ou le Sac ſe groſſit, & creue déſcriture,
   Puis du Iuge le Déd ſe iette à l'aduenture.</td></tr>
</table>

<table>
<tr><td>Eſcritu-
res côtre
l'Ordon-
nance.</td><td>L'Ordonnance à reglé la plume du Greffier,
   Celle du Procureur en fin Or enchaſſee:
   De l'Aduocat l'eſcrit baſti en fricaſſee
De trois langues ſouuent ſeruies en papier.
   Mais la toile des Loix foible à tout coup, on caſſe
   Et n'ya Moucheron qui à trauers ne paſſe.</td></tr>
</table>

<table>
<tr><td>Auarice
des Offi-
ciers.</td><td>On né viſe au auiordhuy qu'encoffrer & ſerrer,
   Amaſſer, embourſer, entaſſer peſle-meſle
   On loüe la Vertu & rien n'eſt ſi froid qu'elle:
Le ſeul Or eſt en pris, & le ſiecle eſt de fer,
   On eſt libre de nom, & la vie eſt ſeruile,
   L'honneſte marche en bouche, & en la main l'vtile</td></tr>
</table>

<table>
<tr><td>hypocri-
ſie du mô
de.</td><td>Le ſembler non pas l'eſtre eſt en ieu trop auant:
   Et le noir finement deſſoubs le blanc on cache:
   L'art ſuffoque nature, & chaſqun ruſé tache
A palier les mœurs, de fumee & de vent.
   Et peu ſe trouueroient dignes à l'aduenture
   De iouer à la Mourre en vne nuict obſcure.</td></tr>
</table>

O ſi pluſieurs auoient de ce Gyge l'anneau
  Tant chanté par la Fable,& ceſte rare pierre!
    Que d'heureuſe ſeméce   ils couuriroient la terre!
Puis qu'aux yeux du public tout leur eſt iuſte & beau:
  Et tel ne rougiroit pour quelque Eſcu tout bleſme
  De danſer dans le Tēple, aupres de l'Autel meſme.

On faiͨ beaucoup d'eſtat de l'homme, peu de Dieu,
  On veut plaire à la Terre, & le Ciel on offenſe,
    L'argent eſt precieux,vile la conſcience,
Sans force l'amitie,la verité ſans lieu.
  Que ſi à ſon ami on veut preſter l'oreille
  C'eſt teſmoigner, iuger, mentir à la pareille.

Heureux ſiecle trois fois ou vng monde incognu
  A eſté deſcouuert par l'aiguille admirable :
    Mais trois & quatre fois chetif,& miſerable
Pour ſon Or iuſqu'à nous par tant de Mers venu.
  Noſtre Europe à ſauué l'Amerique perdue
  L'Amerique à perdu noſtre Europe vaincue.

L'Or traine tout à ſoy comme vn Torrent d'Eſté,
  Ruine les Chaſteaux, rompt les portes des Villes:
    Baſtit les factions,& les guerres Ciuilles:
Et ſa pluie corrompt les fruicts de Chaſteté:
  Le Carquan d'Eriphyle,& de Didon le fuire
  Enſeignent ce que vault cette terre d'eſlire.

Cherté
d.. papier
& d'écre.

Cher eſt le Diamant né ſur le vieux Rocher
  Du riche Biſnager, la Perle Orientale:
  La Gaze des Indois qui nà point ſon eguale:
Mais le papier, & l'encre eſt encores plus cher.
  Pourueu q'un Prattiſien, ou Iuge le manie:
  C'eſt la Pierre auiourd'huy de la Philoſophie:

Nombre
d'Offici.
ers infini.

La France nourrit plus d'Officiers Picoureurs
  Que d'vtiles Souldats: tant de gens de Finance,
  Tant d'Eſleus reprouues, Recepueurs de deſpéce,
Tant de Preuoſts d'accort auecque les Volleurs.
  Tant d'Officiers Salez, & tant de payes mortes,
  Qui roignent les deniers du Roy en tant de ſortes.

de Prati.
ciens.

Les Cours creuent tantoſt, d'Aduocats & Greffers,
  Procureurs, Clercs, Sergēts, & de gés de Prattique:
  On quitte les outils, la Charue, & Boutique.
Pour manier la plume, & gratter des papiers.
  Et ceux cy ſont les mains qui de butin engraiſſent
  Faict ez villes & champs les Iuges qui les dreſſent.

Le gain fait meſpriſer la raiſon & la loy
  Auec cent fortes mains on l'aſſault, on l'aſſiege
  Tel comme en vne Scene eſt en vn meſme ſiege
Procureur, Aduocat, Iuge, & des gents du Roy
  Pour l'Hydre du Procez à la teſte dorée
  Geryon il fault eſtre ou quelque Briaree.

L'indompté

L'indompté larrecin, & la Concuſſion
  Veillent quant la Loy dort, où pluſtot eſt eſteinte,
  Perſonne ne la creint: on n'entend plus la plainte:
Qui accuſe auiordhuy eſt plein de paſſion,
  La peine plus ſeuere, aux crimes, & aux vices
  C'eſt faire reuomir quelques part des Eſpices.

crime de concuſſiõ

On à faict autrefoys en ce Royaume icy
  Eſtat d'armes, de lois, des artz, & de ſcience,
  De ſaincteté de mœurs & on à veu la France,
Et ſon noble Palais de beaux eſpritz farcy.
  Mais ie ne ſçay quel aſtre or cet Eſtat manie:
  L'or ſeul eſt en credit, auec l'Archomanie.

furieux defir de cómáder.

La docte antiquité à donné ſagement
  A la droicte Iuſtice vne iuſte Balance:
  Pour monſtrer l'equité & maintenant on penſe,
Que ceſt pour pezer l'or, ou l'argent ſeulement.
  En ce ſiecle d'argent pource l'on ne la priſe
  Qu'à cauſe de ſes poids, & de ſa marchandiſe.

Balances de Iuſtice

On luy à d'vn bandeau couuert auſſi les yeulx,
  Bien qu'elle voye cler, & maintenant on iuge
  Qu'elle eſt du tout aueugle, & partant que le Iuge
Ne doit plus voir le droict, n'y l'enfer n'y les Cieux,
  Mais bien les yeulx bandez d'vne façon adextre
  A la Cleque ioüer en maniant la dextre,

Bandeau de la meſ me.

l'aueugle.

Iuge.

D'vn Iuge le pouuoir tient en ſes fortes mains
De ſes concitoyens les biens, l'honneur, la vie,
Quel creue cœur de voir l'Auarice, ou l'Enuie
Se'n iouer bien ſouuent par des faicts inhumains?
Le Iuge autre armé de plume à lui ſemblable
En perdét l'innocent, peut ſauuer maint coupable.

Crimes
impunis.

Le riche pour ſon or voit ſon crime impuni,
Et le poure eſt contraint d'en quitter la vengence,
Le mediocre creint l'exceſſiue deſpenſe,
Et que vengé d'vn tort, il ſoit le plus puni:
Ainſi pour ſon ſalut d'vne offenſe meurtriere,
Il vault mieux en leſſer à Dieu la peine entiere.

peine d'ū
mauuais
Iuge.

O ſi nos Roys gardoient tant de ſeuerité
Que ce prince Medois fut recognu ſeuere,
Qui fit iuger le fils ſur la peau de ſon pere,
On verroit plus de droict, & moins d'iniquité,
Et le filz trop hardi creindroit lors dauantage,
D'heriter les eſtats de ſon pere en partage.

honneur
à cauſe de
l'eſtat.

Contre les loix d'honneur pluſieurs ſont honorez,
L'homme honore l'eſtat, & non pas l'eſtat l'hōme:
Mais cōbiē auiourd'huy pour leurs eſtats en ſóme,
Sont comme le Veau d'or du vulguere adorez?
Ils le feront pendant que la iaune finance
Creera l'officier, & non la ſuffiſance.

Deux portes Rome à veu de la guerre, & de Mars,
  Pour fortir, & rentrer,& toutes deux ferrees.
  La Iuftice à prefent à deux portes dorees,
Par ou entrent hardis,& fortent fes foudars,
  L'entree en eft ayfee,& de volupté pleine,
  Mais on n'en fort iamais que trifte & à grãd peine.

Tout eft ores venal, le droiĉt, & tort fe vend
  Amis,& ennemys, la foy.l'honneur feftalle
  Le courroux eft venal, la parolle venale
Et mefme eft venal des parolles le vent,
  Et le filence encor, le pied, la main s'achette
  Tout fe vend iufqu'au clin de l'œil, & de la tefte.

Venalité
indigne.

Pour le riche & puiffant on à force caquet
  Pour le poure offenfé on garde le filence:
  Il demure mocqué fans ayde, & fans defence,
Et pour venger fon tort le Palais eft muët:
  On eft poiffon pour l'vn,en fon offenfe infigne
  Pour l'autre en fon forfait on à la voix du Cygne.

caufe du
pauure re
iectee.

Celuy qui reboucha de Catilin le fer,
  Et fauua fa cité d'vne proche ruïne,
  Courroucé iuftement, tira de fa poitrine,
Ces mots ô fiecle!ô mœurs!noftre voix quelle en fin?
  Nous auons vn fubieĉt de parolles pareilles:
  Mais c'eft crier aux fourds ,& qui nont point d'o-
                    reilles.   B iĳ

Siecle co
rompu.

Ie ne veus offenſer des gens de bien l'honneur,
Ma muſe les honnore, & leur rend leur louange:
Ie ſçai qu'en tous eſtats, il à du meſlange:
Mais le nombre des bons eſt rare & ſans vigueur.
D:ſſus les Fleurs de Lis s'aſſied plus de Iuſtice:
Et deſſus le boys nud plus de ruſe, & malice.

Si les riches Palais aux planchers ſambriſſez
Sont vn marché ſouuentou Iuſtice s'eſtalle.
Que dira ton du temple, ou le trafiq' plus ſalle:
Les vendeurs, & changeurs enſemble a ramaſſes?
On ne ſçauroit cuillir les fruicts d'vn benefice
S'il ne vient de la bourſe, ou de quelque ſeruice.

Les myſteres plus ſaincts ſans reſpect ſont vendus,
On en faict vn meſtier, & vn ieu ordinaire:
Le fils du laboureur quitte ſart de ſon pere
Pour porter ſes cheueux en couronne rondus.
Sans merite aymant mieux du don de ſautel viure
Que de ſes bons ayeuls le vrai trauail enſuiure.

Dedans vn meſme Chœur on eſt bien different:
Les vns ſerrent au poing deux: & trois benefices,
Les autres la main vuide, & priuez d'exercices,
Comme Chameleons ſe repaiſſent de vent.
Ainſi la graiſſe aux vns les os moëlleux cache:
Et aux autres la faim aux os la peau attache.

Le troupeau bien souuent demeure sans pasteur,
  Et le Loup affamé rodant la bergerie
  Menace d'excercer sa dent,& sa furie:
On ne veut que la laine, & du Loup on n'a peur.
  Le troupeau tout tremblant frisonne sur la plaine,
  Le pasteur est en Cour sans se donner de peine.

Prelat courtisan.

On ne presche sinon combien vault l'Euesché,
  Quel est son reuenu, à combien affermee:
  La charge n'est en conte, & n'est rien estimee,
Personne d'vn tel fais ne se trouue empesché:
  L'or, non les sacrements auec la croce on pese,
  Et sans visite encor languit le diocese.

auarice & paresse de l'Euesque

Le bon Prestre est le sel du monde comme on dit,
  Mais ce sel en plusieurs est affadi en sorte,
  Qu'il ne peut plus saler ce n'est qu'une mer morte:
Maint on voit qui n'entend ce qu'il chante ou bié lit,
  Tellement que du peuple on trouue vrai le dire:
  Que le sçauoir est grand du prestre qui peut lire.

Ignoráce du prestre

Rien n'est de si enioint au Chrestien que la paix,
  Rien tant recommendé & neantmoins le prestre,
  Le herault de la paix, est vn processif maistre,
Qui sur vn pied de mouche esleue cent procez.
  Ainsi non son prelat mais son iuge il courtise,
  Le Barreau est son Chœur, le Palais son Eglise.

Chiquáe rie du mesme.

Le procez affamé court à droict,& à tort,
De Cour en Cour:chacun l'embrasse,le retire,
Le forme,le pestrit,en fait comme de cire,
L'anime, le fait croistre,& le rend grand,& fort.
Tellement qu'ó ne sçait ou mieux il gratte,& pince
En la cour de l'Euesque, ou en celle du Prince.

Le rameau d'or vanté donne entree par tout,
Pour voir tout,& cognoistre,& celui qui le porte
Pourueu que de Iustice il le sacre à la porte,
Vaincra en son affaire,& en verra le bout.
Car quiconque est en charge, ou ciuile, ou sacree,
Veut estre Cheualier de la Toyson doree.

La Noblesse françoise est rompue aux trauaux,
En armes, en valeur excelle,& en milice,
En zele vers son Roy:elle à aussi son vice:
Ayme trop ses plaisirs,les chiens,& les cheuaux,
Ioüe, sendete trop,chicane, faict grand chere,
Est trop prompte à la main,& trop peu mesnagere.

Dela vient peu à peu que le moulin se vend,
Puis la rente en aprez,puis le pré, puis la terre,
Puis tout estant vendu on veut vn peu de guerre,
Pour retirer ses biens,& forger de l'argent.
Pour plumer son voysin,& d'vne mort commune,
Reuiure & ruiné rebastir sa fortune.

L'auare financier à ses grans coffres pleins,
En vuidant ceux du Roy:& son peuple butine,
Pille, piaffe, acquiert, bastit de sa ruine,
Impose, taille, leue, & brief ioüe des mains:
Exempt de tout peril :ne craint & ne contemple
Ni Gentil, ny Pochet ny de plusieurs l'exemple.

Le Finā-
cier & sō
desordre.

Ces esponges sans fin abreuees d'humeur
Des longues mains des Roys ne creignēt la pressure
Et les rats palatins & teignes à toute heure,
Rongent le grain du maistre & sengressent sans peur
Mais la Belette grasse, & grosse apres l'entree
Sort maigre par le trou, où maigre elle est entree.

Des armes sans besoing on cherche le profit:
Mortes viuent encor dans vne paix ciuile:
Et l'ombre de la guerre est à plusieurs vtile,
Que le passe-uolant, & la monstre enrichit.
La paix demy-armee au milieu de sa terre
Est contreinte de voir la face de la guerre,

Armes
durant la
paix.

Ce Royaume est subiet à deux sortes de gens:
Les vns ayment le poil, & les autres la plume:
Chacun d'eux à son tour le peuple pele, & plume:
Les vns tiennent les cours, & les autres les champs,
Partant le seul François quereleux à outrance,
Et folne peut manger son pain en patience,

misere du
François.

tēnu pour
fol qui
n'est del'ū
des partis

Quiconque ne se range à l'vn des deux partis,
  Et retiré du bruit passe en douceur sa vie,
  Franc de l'ambition, du gain & de l'ennuie:
Cultiue ses guerets, la vigne & ses patis,
  Est estimé dompteur du Pegase, encor pire:
  Digne de nauiger vers la seche Anticyre.

agricultu
re mespri
see.

Cest art le Roy des arts, iadis des Roys aymé,
  Des capitaines grands, de toute ame begnine
  Innocent, fructueux, d'vn homme libre digne,
Est vil, de tous, en tout, serf, & desestimé,
  Les artz d'honneur rendus, mercenaires, seruiles,
  Sont suiuis pour le gain, & les charges ciuiles.

Desordre
comun
à tous es-
tats.
Luxe.

Le luxe verse-estat, & de guerres l'auteur,
  A desploié l'orgueil, & le vol de son aisle.
  Le noble, & roturier, sont confus pesle-mesle:
Chacun pour bas qu'il soit aspire à la grandeur,
  Le simple gentil homme altier en sa prouince,
  Veult tailler du seigneur, & le seigneur du Prince.

en la robe

La robe glorieuse excede les moiens:
  Le corps est bien couuert la table toute nüe:
  L'or filé trop comun, la perle trop cognue:
On ne peut distinguer l'ordre des citoiens,
  Et celui qui en biens n'est rien q'un ver de terre:
  Veut que le ver l'habille, & mort encor l'enterre.
                                        Chacun

Chacun va bastisant comme riche, & heureux,
  Et veult contrequarrer des Roys l'architecture:
  Le Iaspe, le Porphyre, & la pierre plus dure,
Et plus clere reluit aupres des petis feux.
  Du bastir la ruine, & bien souuent on tombe
  A dresser bastissant de soi mesme vne tombe.

*En basti-
ments.*

*ez máte-
aux de che
minees.*

La table soubs le faix rompt des plus friands mets
  Ou sont ces riches loix Fannies Licinies,
  Qui bridoient les exces & les cheres folies,
Sur le Tybre iadis des festins, & banquetz?
  Tel fol est maintenant qui d'une gloire extreme,
  Deuient Eresichthon, & se mange soi mesme.

en báquets

Amour est compagnon des tables & du vin:
  C'est la ou de son trait les cœurs au vif il touche:
  Et puis côbié de maux des desbauches de bouche?
Par eux deuant son iour on voit sa triste fin.
  Ainsi l'eau peu à peu creuse la dure roche:
  C'est ce qui fait aller le Medecin en coche.

*en debau-
ches.*

Les meubles plus exquis sont cômuns en tous lieux,
  L'officier mediocre ez mediocres villes,
  Se sert tout en argent iusques aux choses plus viles,
Les licts & les buffetz reluisent precieux.
  Et tout estant bien net on n'aperçoit rien estre
  Dans vn logis d'orgueil de sale que le maistre.

*en meu-
bles.*

C

Plusieurs doiuent ruzes aux crimes leurs honneurs,
   Leurs maisõs, leurs chateaux, buffet, & garderobe
   Maint comme le Preteur de Sicile desrobe
Pour les Iuges, pour soy, & pour ses defendeurs.
   Et tel est comdamné qui dine de bonne heure:
   Et se rit cependant que la prouince pleure.

On ne sert le public, ny mesmement le Roy.
   Sinon pour acquerir plus d'argent. que de gloire
   Ou estes vous Romains qui de vostre victoire.
Contents vous retiriez chacun pour ce chez soy?
   A vos filles venoient du puplic les douaires:
   Et du public encor voz honneurs mortuaires.

De seruice peu d'ans apportent maintenant,
   Au rusé courtisan cent mille francs de rente:
   Triste il sort de la Cour d'vne ame non contente:
Ayant tousiours au gain l'esprit ferme & tenant,
   Deux maux regnét en Cour d'humeur toute énemie
   L'Hydropisie, est l'vn l'autre la Boulimie.

Tel ne fut Bonneual, moins encor Chastillon,
   Qui d'vn seruice long rendu d'ame constante
   Ne raporterent onc trois mille francs de rente
Pris de leur grands trauaux, ni aussi Bourdillon.
   Ils seruoiét pour l'hõneur, nõ pour le gain leur maistre
   Tels ne deuoient mourir si bien ils deuoiét naistre.

Quoy ce vaillant Monluc ce grand rameau de Mars? Monluc.
  Son escrit est tesmoing de la pauure richesse:
  Comme la France sçait de sa riche prouësse,
Et l'Italie encor de ses plus grands hasards. Armes de Monluc vne espee.
  D'vn pratticien cherif la plume mal coupee
  Lui acquert plus de bien qu'à lui sa grand'espee.

Ie ne puis oublier ce loyal Conseiller Cardinal d'Amboise.
  Du douziesme Louis ce Cardinal d'Amboise,
  Qui prouigna le nom, de la gloire Françoise:
Vn benefice seul fut son ample loyer.
  Roy heureux d'auoir eu conseil si salutaire!
  Siecle heureux vn tel Roy de son peuple le pere!

L'vsurier affamé fait paistre son argent, Vsurier.
  Et l'angresse des biens du maigre populaire,
  Le ronge iusqu'aux os, se rit de sa misere,
Baille au mespris des loix, à seze & vint pour cent.
  Et cruel sans trauail par vne sourde vsure
  Accroist ses reuenus, & les champs en peu d'heure.

Le mercadant trompeur ne tient cōte du poids, Marchant
  De nombre, de mesure, & ne fait conscience
  Cacher le vice obscur dont il à cognoissance,
Et charmer l'acheteur au iargon de sa voix:
  C'est vn dire auiourd'hui personne ne demande
  D'ou tu las: mais d'auoir ton bien te le commande.

C ij

grãdsdoü-
aires.

De ces sources sans fin decoule le grand bien,
Du grãd bié grãd orgueil,d'orgueil les grãs doüaires
Lesquels de iour en iour croissent si ordinaires:
Que les cent mille escus maintenant ne sont rien.

mesdames
Marie , &
Isabeau de
France fil-
les de Cha
rles cin-
quiesme.

Les filles de nos Roys que le cercueil enserre
De honte rougiroient retournant en leur terre.

La ieunesse ne court qu'aux grans, & riches dots:
Sur eux fonde son heur,sa fortune edifie,

auarice en
mariages.

Estudie,depend, en paie sa folie:
Et bien souuent tels rets sont la prison des sots.
Car qui se vend en beste,il est bien raisonnable
Qu'il viue en beste aussi esclaue & miserable.

La folle, la guenon,bon parti trouuera,

force des
escus.

Vile d'honneur,de mœurs,& encor plus de race:
Pourueu que les Escus luisants marchent en place,
Mais la chaste beauté sans mari viellira.
Ainsi les Graces sont,& les Muses pucelles,
Et ne s'est peu trouuer qui voulut encor d'elles.

mauuaise
nouriture.

La fille meure d'ans aprent auec plaisir
Les balets Gaditains les danses d'Ionie:
Puis soubs le ioug nopcier se voyant asseruie
Cherche des seruiteurs ieunes à son desir.
Que si quelque marchant de deshóneur se trouue
Elle en reçoit le pris & son mari l'aprouue.

De race & pere tels ne naquirent iadis
   Ces guerriers tãt chãtez qui l'Helefpont'pafferent:
   Ny ceux qui l'Anglois fier en fon Ifle chafferent.
Dés l'enfance au trauail, & au combat hardis.
   Les bons viennent des bons,& l'aigle valureufe
   N'efclot point en fon nid la colombe peureufe.

race des
vieux Frã-
çois.

nouriture.

Vn fçauoir vain, & mort eft en pris maintenant
   Des eftats plus anciens,des loix,& langues mortes:
   Curieux on remplit fa memoire en cent fortes:
Et l'intellect eft vuide,ou bien farci de vent.
   On eft poure en Amour, en Foy puiffant, & riche:
   L'efprit eft cultiué,& les mœurs font en friche.

la cence
d'auiour-
d'huy.

Ie me trompe on fe rit du grec, & du latin,
   Et des arts plus humains,& des efcrits antiques:
   On prife des palais les ftiles,& prattiques,
Et les meftiers trompeurs ou l'on faict du butin.
   On tire plus de gain d'vn acte,ou d'vne enquefte,
   Que d'efcrire vne Hiftoire,ou de l'œuure d'ũ Poete.

mefpris
des bõnes
lettres.

Peres vous eftes fols d'amufer vos enfants
   A fuccer l'aigre gouft des inutilles lettres:
   Si vous ne les voules quelques Regẽts ou Maiftres'
Rien n'eft de fi ingrat,ny telle perte d'ans:
   Plufieurs en fõt tefmoings qui en trãte ans de peine
   N'ont apris qu'à femer fur l'infeconde arene.

peres fols.

C iij

Liures de
Palais.

Les liures de palais font les feuls en credit:
  On ne roule on n'efcrit, on n'imprime autre chofe
  En eux feuls la Prudence, & Science eft enclofe:
Et feuls ils font du temps les fages que l'on lit:
  Car ce que le profit, & l'vtile authorife:
  Le vulguaire ignorant fur tout l'honnore & prife.

Defordre
fur le de-
part & ef-
gail des
Tailles.

Chacun cherche l'honneur, le plaifir & le gain:
  Veult la charge publique en fuiant la priuee,
  S'exempte de tribut, de taille, & de coutue:
Le poure fouftient tout, & va mourant de faim.
  Toufiours d'ū corps gafté l'humeur forte & peccáte
  Sur la partie baffe, & foible fait defcente.

du Sel.

De Neptune les cháps font communs, mais fon bien
  Et fa riche moiffon, au depart n'eft eguale,
  Tel n'a rien à faler qui fans pitie fon fale,
Et tel fale fans fin lequel n'en paie rien
  Le Sel mal partagé, dompteur de pouriture,
  Pourrit les champs, la ville, & des cháps la culture.

inegalité
extrefme.
des Fran-
çois.

Vn extrefme inegual defunit la cité,
  L'vn eft plati de faim, l'autre creue de graiffe,
  L'vn n'a rien l'autre à tout par rufe, & par fineff.
L'vn eft libre par trop, l'autre fans liberté.
  Anfi le villageois & le village porte
  Deffus fon foible dos la ville la plus forte.

Ce peuple qui nourrit, qui vestit, qui bastit,
Est nud sans nourriture, & plus souuent sans loge:
Les daces & impost à tout point le desloge.
Du ventre les mestiers apportent le profit.
Le bal, le ieu, l'amour sont seuls en exercice:
Chacun est Policeur : les villes sans Police,

artz necessaires mes prisez.

Les Maires autrefois des citez le support,
De plus fins citoyens achetent les suffrages,
Puis les deniers communs tournez á leur vsages,
Payent l'honneur vendu, & seruent au plus fort.
Des habitans foulez, les maisons sont taillees.
Et le Roy desrobé & les Villes pillees.

Desordre ez Mairies & Escheuinages.

En vices si second siecle na point esté,
Despuis ce Sceptre né que tout Sceptre reuere.
On ne bruit que de Foy, de Iustice seuere,
Par terre gist la Foy Iustice à son costé:
La sainte Hypocrisie est en regne à cet'heure,
On à le Chrestien bouche: & au cœur l'Epicure.

Hypocrisie en regne.

De ces confusions on voit meint orphelin,
Tãt de pauures vieillards, tãt de veufues en proie,
Tant de gens çà & la errants parmi la voie,
Affamez, deschirez, & mandiants sans fin.
Sa terre au seul François n'est mere ny propice:
Si elle luy est mere, elle n'est sa nourriçe.

miseres de ce temps.

<table>
<tr><td>maux de l'Eſtat & des Eſtas.</td><td>Celui la qui voudroit raconter amplement,
Les maux de cet Eſtat, & des eſtats les vices,
Les ruzes, les abus, les fraudes, les malices,
Auroit vn champ ouuert pour courir largement:
Sans riuage vne mer, ſans mete vne carriere:
Et le temps lui faudroit pluſtot que la matiere.</td></tr>
<tr><td>La Royne Regente nourice de la paix.</td><td>Mais vous Roine ſans pair femme du Grand Henri:
Par qui les riches lis de la belle Florence:
Sont vnis aux beaux lis de voſtre riche France:
Qui nourricez la paix fille d'vn tel mari.
Non ſeule vous ſçaues le mal, & ſe deſordre:
Mais ſeule vous pouuez y donner aide, & ordre.</td></tr>
<tr><td>ſeule peut remedier aux deſordres.</td><td>Chacun d'vn corps changé voit la fieure, & le mal:
Mais le remede en eſt entre les mains du ſage:
Qui par vn grand ſçauoir ioinct à vn long vſage,
Peut guerir la douleur en ſe monſtrant feal:
Et chaſcun de ce corps voit la playe enfoncee
Mais ſeule vous auez en main la Panacee.</td></tr>
<tr><td>redreſſer la colóne de Iuſtice.

le Roy deſtiné pour celle de pieté.</td><td>Iuſtice, & Pieté vous tendent or les mains,
Tourmentees ſans fin d'vne peſte commune:
Vous pouues releuer la colomne de l'une,
L'auarice chaſſant furie des humains.
Voſtre race ſacreé vn iour dreſſera l'autre,
Et croiſſant dans, & d'heur la plantera plus oultre</td></tr>
</table>

Celui

Vous pouuez la Vertu remettre en ſa ſplendeur,
　Luy rendre ſon loyer, comme la peine au vice:
　Brider par fortz Edictz l'excés, & la malice:
Noſtre ſiecle dorer d'vn or plus ſainct & pur.
　En voſtre gloire ainſi on dira d'eage, en eage:
　Vne Royne à parfaict de pluſieurs Roys l'ouurage.

La Vertu

De voſtre volonté on ne peut ſe douloir.
　Vous l'auez teſmoignée & d'vn ancre fidelle.
　Pourquoy voſtre pouuoir n'aura il force telle?
Le pouuoir en vous ſeule eſt egal au vouloir.
　Car la neceſité pour forte ne maiſtriſe,
　Les Roines, ny les Roys, mais toute ame ſoubmiſe.

En ſa lettre à Mõſeig-neur le Prïce.

La France attend de vous tout ſecours, & ſoulas:
　Vous auez preparé les moyens ſalutaires:
　Moyens tant attendus au fort de ſes miſeres.
Ou peut on mieux guerir les eſtatz qu'aux Eſtatz?
　La ſaiſon y eſt propre & propre encore l'heure:
　Le corps tout diſpoſé, l'humeur peccante meure.

Conuoca-tion des Eſtats Ge-neraux à Sens.

Les Cours ſont des proces vn Labyrinthe obſcur,
　Plein de tours, de detours, & d'erreurs infinies:
　Ou les plaideurs errantz empriſonnent leurs vies,
Puis en cherchent l'iſſue, & vont rodant en peur
　Pluſieurs pour y entrer n'ont que trop de courage
　Mais peu ont le filet de Theſée le ſage.

le palais de ce temps.

Nombre
infini d'Or
donnáces,
Coustu-
mes, mesu
res&poids

Royaume n'eut iamais tant d'Edicts, ny de Loix
  Ni de diuerses mœurs, Coustumes si contraires,
  Ni mesures, ny poids: & le poil des Pantheres
N'est si fort moucheté que l'humeur du François
  Mais la loi sans vigeur est l'espee enfermee
  Dans le fourreau, ou bien de la carte imprimee.

Censure.
Cense.

O quel digne loyer pourroit recompenser,
  Ce Roy qui le premier introduiroit en France
  Pour regler biés, & mœurs, la Censure, & le Cense?
Quelle table d'honneur luy pourroit on dresser?
  Son peuple franc sauué a la façon Romaine.
  Luy deuroit iustement la Courone de Chesne.

Motz en-
nuyeux.

On n'oyroit plus ces motz parmi nous auoir cours:
  De Griefs, Saluations, de Contredit, d'Enqueste,
  De Taxe de Despens, d'Espice ide Paulette:
L'honneur seul non le gain seroit le pris des Cours.
  Gain que tout cœur meschât pour seul but se ppose
  On esteindra les motz si l'on esteint la chose.

effetz du
Cense.

Le Cense regleroit le Desordre confus
  Des tailles: & le fort porteroit lors la charge
  Qui sur le foible en tout iniuste se descharge,
La fraude s'esteindroit, & le proces hydeux.
  Le Roy en vn moment cognoistroit de sa terre
  Les ornementz de paix, & les nerfs de la guerre.

La Cenſure des mœurs la regle, & du Renom La Cenſu-
re.
  Brideroit des exces l'indomptee licence,
   Qui maintenant ne creint ny Edict, ny puiſſance,
Et vne marque honteuſe imprimeroit au nom.
  A lors la Modeſtie, & la Vertu mocquee,
   Reprendroit ſes honneurs, & ſeroit inuocquee.

Car que ſeruent les loix inutiles ſans mœurs ? les mœurs
  Il fault former les cœurs aux vertus des ieuneſſe:
   C'eſt ce qui fait paiſible, & douce la vielleſſe,
Et qui au ſainctes loix rend les iuſtes honneurs,
  Le meſchant fuit le crime effraye de la peine.
   Le bon le fuit ſuiuant la vertu qui le mene.

Des corrompues mœurs le Deſordre eſt naiſſant, effets des
mœurs cõ
rompuees
  Et du Deſordre né les ſourds Partis on forme:
   Des Partis le Diſcord plus que ciuil prend forme,
Diſcord qui verſe en fin l'Eſtat le plus puiſſant.
  Le croye qui voudra de ces peſtes meurtrieres
   Le luxe & l'Auarice en ſont auancourrieres.

Royne Mere de Roy, & de Roys quelque iour. La Royne
mere, me-
re de la Frã
ce.
  Reformant cet Eſtat par voſtre grand prudence
   Soyez pareillement la Mere de la France,
Comme voſtre Fils eſt de ſon peuple l'Amour.
  Voſtre Fils noſtre Roy de qui la norriture
   Le nom, la tige porte vn tresheureux Augure.

1614.
L'An quatorze du siecle egualé ses beaux ans,
Ans de Maiorité qui dit Maieur dit sage.
Puis la sagesse es Roys deuance touiours l'eage.

27. Sep-
tébre pro-
chain.
Nous courons cette anneé, & ce desiré temps.
Téps auquel vn grãd Roy vous luy prestãt l'espaule
Soustiendra le grand fais du Septre de la Gaule.

Effects de
la Roiauté
Sceptre l'vnique appuy du fidelle François
De l'orphelin lessé de la veufue esploree,
Le fort piuot ou tourne & la Paix adoree,
Et le Ciel du Salut, & les astres des Loix.
A la force de qui nostre force est vnie,
Nostre bien à son bien, nostre vie à sa vie.

Veu pour
le Roy la
Roine Re-
géte sa me
re & toute
sa race.
Dieu qui est le guerdon d'vn honeste labeur,
Espande largement sur vous, & vostre race.
Vn thresor de faueur, vne moisson de grace.
Dieu comble nostre Roy & vous de tout bon heur.
Enfin ayant vaincu du monde la victoire.
Grande Roine soyes la Couronne, & la gloire.

pour la
Paix, la Iuf
tice, & la
Foy.
Que le discord mutin soit assis garroté
De chaines à cent noeuds, & sa race damnee:
Et que la belle Paix de palmes couronnée
Enionche à pleines mains ses fruicts de tout costé
Que la Iustice apres & la Foy rappellees
Demeurent à iamais auec la Paix colleés.

SONNETZ SVR LE MESME SVBIECT,

Plainte furieuſe d'un Officier malade, contre la Paulette.

QVe maudit ſoit Paulet, auec la Paulette
   Deſpuis que pour ſauuer l'eſtat i'ay pauletté
Ma femme m'importune, & hyuer, & eſté,
Sain, malade, ſans fin me geine, & rompt la teſte.
Que maudit ſoit Paulet deux fois ie le ſouhaitte
   Chetif auparauant mon argent pauletté:
Si quelque petit mal m'aſſailloit le coſté,
   Ma femme incontinent à mon aide eſtoit preſte,
Medecins accouroient, remedes à foiſon,
   De parents, & d'amis regorgoiet ma maiſon,
   Au mal d'vn officier, rien n'eſt qui ne ſe meuue.
Mais ores que ie ſuis attaché à mon lict,
   Et par vn trait mortel, ma femme à part ſoi dit,
   Meurs Paulet me don'ra de ta peau vne neuue.

D'vn Officier content pour la Paulette.

QVe beniſt ſoit Paulet, & la Paulete auſſi
   Par luy on tôd, on pelle on embourſe, on enſerre
On accroiſt ſa maiſon, ſon eſtat & ſa terre,
   Et du trait de la mort on n'eſt pas ſi tranſi.
Que beniſt ſoit Paulet: on luy doit grand-mercy,
   Il redore c'et eage, & les bons il deterre,
   Enrichit la Iuſtce, & apourit la guerre.
   Faict regner l'officier ſans peur, & ſans ſoucy.
Par luy ſonce deſpice en vault or' vne liure
   On fait en ſa maiſon Monſieur l'Eſtat reuiure,
   Souuent pour quelque ſot, & ignorant parfaict.
La femme ne creint plus de ſon mary l'obſeque.
   L'argét s'égraiſſe, & paiſt dãs les pres d'hypotheque
   S'ſly a des heureux ceſt Paulet qui les fait.

Sur la texe des Officiers du Roy en Conscience.

LE Iuge qui d'autruy doit taxer le salaire,
Le peut il à soy mesme & se donner vn pris?
S'il se contemple bien, ses sens, & ses espritz.
Il doit suiure Nature ainsy que sage mere.
A l'œil iuge couleur la couleur est contraire,
A loreille les sons, & le palais apris
A iuger des saueurs les tiendroit à mespris:
S'yl en auoit de propre, & ne sen peut distraire,
Cette vertu qui loge en l'ame les portraitz
Arriuants du dehors, n'a image, ny traitz:
L'entendement est nud, sans espece, & sans forme:
Le Iuge parmi nous seul iuge son labeur
Le taxe en Conscience, & s'en paye en rigeur.
Mais telle Conscience est souuent bien difforme.

Sur l'Edict defendant l'usage des passementz
d'or & dargent

EDict Roy des Edicts qui redores la France
Par qui l'orgueil enflé gist par terre abbatu:
Tu r'ammenes l'espargne, & remetz la vertu:
Et du noble excessif reserres la finance.
La femme qui ne sçait mesurer la despense:
De qui le foible honneur est souuent combatu
Par cette arme dorée & vaincu peu à peu:
A vn frain pour brider le cours de sa licence.
De la guerre le nerf, & de paix l'ornement,
Par les auares mains filé en passement
Par lui reprend son pris estant le pris des choses:
Que n'es tu asses fort pour regler le procez,
La table, le buffet, la robe, les excez?
Nous te couronnerions de lauriers. & de roses.

Sur la vente des Offices.

LEs Officiers du Roy & de Paix, & de Guerre,
Viennent armez d'escus afin de le seruir:
Ceux de paix mieux armez s'auancent pour rauir
Cet honeur aux guerriers que leur plume deterre
Le bon Roi doit ses mains a son peuple, à sa terre:
Mais ses deuotz subiects ne peuuent assouuir
Leur soif à son seruice, & cherchent d'asseruir
Tout ce que la fortune en leurs dextres enserre.
O Roi trois fois heureux & comblé de bonf-heurs
De rencontrer sans choix tant de bons seruiteurs:
Qui achettent, si cher l'heur de vostre seruice!
Mais si le fier soldart de paie desarmé
Est contraint de voler en Vaultour affamé,
Que fera l'acheteur de si chere milice;

Sur les Officiers du Roi & Fermiers des Gabelles.

LA Iustice, & le Sel se vendent d'vne sorte:
Et les marchands d'iceux afriandez du gain
Y vont mettant le taux tel qu'il leur vient à main:
Et l'achat fait en gros, en detail se comporte.
Ils sont toutz apuiez dessus la dextre forte
Du Prince: mais les vns incapables de frain
Font courir leur pouuoir, & à pur, & à plein:
Aux aultres Conscience vn lache frain apporte.
Tout est monopolé, & ne peut on auoir
Ces denrées ici si ce n'est au vouloir
De ceux qui de leur gain tout le peuple apourissée
Ie ne suis estonné si depuis quelques ans
Les foyes sont gastez: Medecins ont le temps.
Les vns talent sans cesse, & les aultres espicent.

Du Ieu de paume prattiqué au Palais

Les hommes de Palais iouent de grand adreſſe
'A la plaiſente Paulme, & ſe donnent l'eſteuf
L'un à l'autre gaiment, prenant ſelon leur deu
A bond & à volée, & bricolent ſans ceſſe,
Le Procureur ardent à l'Aduocat adreſſe.
Son coup : cettuy au Iuge, & ainſi peu à peu
La partie ſe gaigne, où ſe remet : ce ieu
Eſt ſeul ores en regne aux vieux, à la ieuneſſe.
On ioüe de reuers pluſtot que d'auant main :
Le ſpectateur oyſif y perd le temps en vain,
Le gain n'en vient qu'à ceux qui Ioüent en cõcorde
Qui veult que ce ieu dure, & viue longuement,
Qu'on fourniſſe deſteuts aux Ioueurs ſeulement,
Ils n'ont peur des filletz, ny de donner ſoubs corde.

AV LECTEVR

Les Deſordres i'ay dit par les eſtatz eſpars :
Que ſi l'Ordre pouuoit, or le Deſordre ſuiure.
Quel biẽ de voir la Paix, & l'Ordre enſẽble viure!
La Vertu reflurir, & les honeſtes Artz?
Quoy qu'il en ſoit : rien tant ie ne voüe, & ne prie,
Que voir mon Roy heureux, heureuſe ma Patrie.